Murat Ertugrul

SAP Exchange Infrastructure

Murat Ertugrul

SAP Exchange Infrastructure

GRIN Verlag

Bibliografische Information der Deutschen Nationalbibliothek: Die Deutsche Bibliothek
verzeichnet diese Publikation in der Deutschen Nationalbibliografie; detaillierte bibliografische Daten sind im Internet über http://dnb.d-nb.de/ abrufbar.

1. Auflage 2007
Copyright © 2007 GRIN Verlag
http://www.grin.com/
Druck und Bindung: Books on Demand GmbH, Norderstedt Germany
ISBN 978-3-640-82559-2

SAP Exchange Infrastructure

Inhalt

Abbildungsverzeichnis

Abkürzungsverzeichnis

Abkürzung	Bezeichnung
AS	Applikationsserver
IDoc	Intermediate Document
IS	Integration Server
IT	Informationstechnologie
OFTP	Odette File Transfer Protocol
RFC	Remote Function Call
SOAP	Simple Object Access Protocol
W3C	World Wide Web Consortium
XI	Exchange Infrastructure
XML	Extensible Markup Language
XSLT	Extensible Stylesheet Language Transformation

1 Einleitung

1.1 Problemstellung

Eine der wohl größten aktuellen Herausforderungen der IT (Informationstechnologie) ist die Vereinigung der, aus historischen Gründen, sehr heterogenen Systemlandschaften. Während die aktuellen Technologien auf bereits bewährten Integrationskonzepten basieren und standardisierte Schnittstellen zum Datenaustausch bereitstellen, ist bei älteren Applikationen noch oft eine monolithische Struktur anzutreffen, deren Anbindung sich durch fehlende Normen schwierig gestaltet. Die Folgen sind u.a. redundante Datenhaltung und eine Vielzahl von Medienbrüchen. Die daraus entstehenden Gefahren in Bezug auf die Datenqualität und Kosten, die durch erhöhten administrativen Aufwand sowie nötige manuelle Prozessschritte entstehen, stellen eine große Belastung für Unternehmen dar. Basierend auf der Tatsache, dass die unternehmensübergreifenden Geschäftsprozesse immer wichtiger werden und dadurch wesentlich zur Wertschöpfung beitragen, ist die IT des weiteren aufgefordert neue Applikationen, u.a. auch von anderen Unternehmen, rasch und flexibel zu integrieren.

Die technologische Lösung, mit der der steigende Bedarf nach Integration realisiert werden kann, wird mit dem englischen Fachausdruck „Middleware" bezeichnet. Die auf den ersten Blick einfachste Lösung ist, die verschiedenen Anwendungen und Systeme Point-to-Point miteinander zu verbinden. Mit der Anzahl der verschiedenen Systeme wächst allerdings auch die Komplexität des Gesamtsystems. Auf Grund der verteilen Informationen über die Integration der Anwendungen ist die gesamte Implementierung nur schwer zu überblicken. Nachträgliche Änderungen werden schwierig und sind zeit- sowie kostenintensiv. An diesem Punkt setzt die SAP Exchange Infrastructure an, indem sie das Integrationswissen zentral abspeichert.[1]

---

[1] vgl. Jens Stumpe/Joachim Orb, SAP Exchange Infrastructure, 1. Auflage, Bonn 2005

3

1.2 Ziele der Arbeit und Vorgehensweise

Ziel dieser Ausarbeitung ist das zugrundeliegende technologische Konzept der Middleware-Applikation „Exchange Infrastructure" (im Folgenden XI genannt), der Firma SAP, darzustellen. Aufgrund der Vorgabe des Ausarbeitungsumfangs wird nur auf die wichtigsten Technologiemerkmale eingegangen.

Zu Beginn der Ausarbeitung wird dem Leser in sehr einfacher Form das, der XI zugrundeliegende Technologiekonzept vorgestellt. Hierbei wird auf die prinzipiellen Kommunikationsprobleme unter Menschen, die verschiedene Sprachen sprechen, eingegangen.

Im Anschluss folgt eine nähere Darstellung der XI-Laufzeitumgebung, des „Integration-Servers", und der enthaltenen Komponenten Integration-, Adapter- sowie Business Process Engine. Um ein Verständnis für die erläuterten Technologien zu schaffen, werden die wichtigsten Zusammenhängen grafisch dargestellt.

Das folgende Kapitel beschäftigt sich mit dem eigentlichen Nachrichtenaustausch und stellt diesen anhand einer Interface-Kommunikation näher dar.

Bevor die Ausarbeitung mit einem Fazit, das eine kurze Zusammenfassung der betrachteten Technologien vornimmt und die Vorteile der XI darstellt, abschließt, wird das, für die SAP XI wichtige, Themengebiet „Mapping" vorgestellt und anhand eines Struktur- und Wertemappings kurz erläutert.

2 SAP Exchange Infrastructure

Die folgenden Kapitel gehen näher auf die technologischen Merkmale der Middleware-Applikaton SAP XI ein. Hierbei wird das Technologiekonzept in vereinfachter Form dargestellt, die technische Plattform erläutert und die zentrale Laufzeitkomponente vorgestellt. Des Weiteren wird dem Leser ein Überblickswissen im Bereich des Nachrichtenversandes und der integrierten Mappingtechnologie vermittelt.

2.1 Vereinfachtes Technologiekonzept

Bevor in den folgenden Kapiteln näher auf die technischen Details eingegangen wird, soll in diesem Abschnitt die, der XI zugrundeliegende Technologie, vereinfacht dargestellt werden.

Der Grundgedanke einer Middleware ist die Unterstützung der Kommunikation mehrerer Anwendungssysteme, indem zwischen diesen vermittelt wird. Der Vermittlungsbedarf entsteht durch die unterschiedlichen Kommunikationsmöglichkeiten, die je nach Programmiersprache und implementierte Schnittstellen, variieren können. Um Daten erfolgreich zwischen Systemen übertragen zu können, übernimmt die XI eine Art Übersetzungsdienst. Dieser wird in Abbildung 1 vereinfacht, anhand eines Dialogs zweier Menschen die unterschiedliche Sprachen sprechen, dargestellt. Die englisch sprechende Person, im Folgenden Person A genannt, versucht einen Dialog mit Person B, die spanisch spricht, zu führen. Da beide Kommunikationspartner nur die jeweils eigene Sprache sprechen, kann ohne einen Übersetzter kein Dialog stattfinden. Diese Funktion übernimmt die XI, die im Bild als „Postbote" dargestellt wird. Die eingehende Nachricht, wird dabei zuerst in ein systeminternes Format übertragen, bevor sie in die Sprache des Empfängers übersetzt und versendet wird. Die in Abbildung 1 mit deutscher Sprache dargestellte interne Sprache der XI ist in der Plattform durch XML (Extensible Markup Language) realisiert. Diese dient der internen Verarbeitung des Datenstroms, da in den meisten Fällen die Daten nicht nur von System A zu System B weitergereicht werden, sondern auch noch eine Transformation, das so genannte „Mapping" stattfindet. Als Beispiel hierfür kann das Löschen von unnötigen Informationen, vor Übergabe der Nachricht an den Empfänger, genannt werden. Kapitel 2.5 stellt diese Technologie näher vor.

5

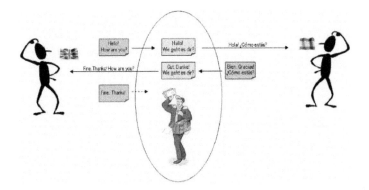

Abbildung 1 - Vereinfachtes Technologiekonzept

2.2 Technologieplattform

Die SAP Exchange Infrastructure ist ein Baustein der Technologieplattform SAP NetWeaver, die verschiedene technologische Konzepte zusammenfasst und die bisherigen Plattformen von SAP harmonisiert. Der Fokus von NetWeaver liegt auf der Integration von Menschen, Informationen und Prozessen in einer Lösung. Abbildung 6 stellt diese Kernbereiche in einer Übersicht dar. Die XI, die als zentrale Datendrehscheibe zwischen SAP- und Fremdsystemen dient, ist hierbei dem Gebiet der „Process-Integration" zuzuordnen.[2]

2.3 Integration Server

Die zentrale Komponente der XI-Laufzeit ist der Integration Server (im Folgenden IS genannt), der die Nachrichten der Anwendungssysteme empfängt und weiterleitet. Das verwendete Format basiert dabei, wie in Kapitel 2.1 bereits erwähnt, auf der Extensible Markup Language, die sich als standardisiertes Austauschformat im Internet durchgesetzt hat. Bestandteile des IS sind die Integration-, Adapter- sowie Business Process Engine. Diese werden in den folgenden Kapiteln näher erläutert.[3] Abbildung 2 stellt den Aufbau des IS sowie den Großteil der Komponenten, die mit dem IS kommunizieren können, dar.

---

[2] vgl. Jens Stumpe/Joachim Orb, SAP Exchange Infrastructure, 1. Auflage, Bonn 2005

[3] vgl. Jens Stumpe/Joachim Orb, SAP Exchange Infrastructure, 1. Auflage, Bonn 2005

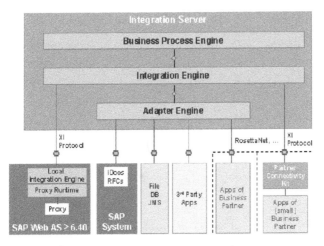

Abbildung 2 - Übersicht aller Kommunikationskomponenten[4]

2.3.1 Integration Engine

Die Integration Engine empfängt Nachrichten über das XI-Message-Protokoll, das auf der W3C (World Wide Web Consortium)-Note „SOAP (Simple Object Access Protocol) Messages with Attachments" basiert, und führt zentrale Dienste wie Routing und Mapping für empfangene Nachrichten aus. SAP Systeme ab SAP Web AS (Applikationsserver) 6.40 unterstützen dieses Protokoll direkt über die Proxy-Laufzeit und eine bereits vorhandene lokale Integration Engine, so dass bei reiner SAP zu SAP Kommunikation (von Integration Engine zu Integration Server) kein Adapter notwendig ist. SAP-Systeme anderer Releasstände müssen über einen IDoc (Intermediate Document)[5] bzw. RFC-Adapter angebunden werden (siehe auch Abbildung 2). [6]

[4] vgl. http://help.sap.com/saphelp_nw04/helpdata/de/70/f3cbad30ee479cb15672219f3405f0 /content.htm, Abrufdatum: 02.03.2009, Ausdruckdatum: 02.03.2009

[5] Anmerkung des Autors: Ein IDoc ist ein SAP-internes Informationsobjekt für den Austausch von Daten zwischen SAP und Fremdsystemen.

[6] vgl. Jens Stumpe/Joachim Orb, SAP Exchange Infrastructure, 1. Auflage, Bonn 2005

2.3.2 Adapter Engine

Um andere, nicht- SAP Systeme an den IS anzuschließen verwendet die XI spezielle Adapter. Abgesehen vom IDoc-Adapter, der wiederum für eine spezielle SAP zu SAP-Kommunikation integriert wurde, setzen dabei alle Adapter auf der Zentralen Adapter Engine auf. Diese stellt zentrale Dienste für den Nachrichtenaustausch, die Verwaltung von Nachrichtenwarteschlangen und Sicherheitsmechanismen zur Verfügung. Der jeweilige Adapter setzt Aufrufe beziehungsweise Nachrichten eines Senders in das XI-Message-Format um. Umgekehrt nimmt der Adapter Nachrichten von der Integration Engine entgegen und setzte sie für den Empfänger um. SAP liefert Adapter sowohl für die unternehmensinterne als auch für die unternehmensübergreifende Kommunikation aus. In Bezug auf die Anbindung von Drittanbieter vertraut SAP auf spezielle Partner, die zusätzliche Adapter für diese Anwendungen entwickeln. Als Beispiel kann hier ein OFTP-Adapter (Odette File Transfer Protocol) genannt werden.[7] Abbildung 3 zeigt eine Übersicht über die Adapter-Technologie.

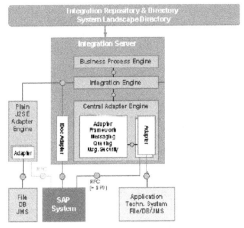

Abbildung 3 - Darstellung Adapter Engine[8]

---

[7] vgl. Jens Stumpe/Joachim Orb, SAP Exchange Infrastructure, 1. Auflage, Bonn 2005

[8] vgl. http://help.sap.com/saphelp_nw04/helpdata/de/ad/4e27db3e7b4e6b970fd1afa9abe0c9/ content.htm, Abrufdatum: 02.03.2009, Ausdruckdatum: 02.03.2009

2.3.3 Business Process Engine

Die Adapter und die Integration Engine beschränken sich vereinfacht ausgedrückt darauf, eine Nachricht an den oder die Empfänger weiterzuleiten und falls notwenig, ein Mapping (Kapitel 2.5) auszuführen. Sobald eine Nachricht erfolgreich an den Empfänger gesendet werden konnte, ist in diesem Fall die Verarbeitung der Nachricht abgeschlossen. Die Business Process Engine erweitert nun diese Funktionalität des IS um eine zustandsbehaftete Nachrichtenverarbeitung, indem die Engine ein Prozessmodell abarbeitet und gegebenenfalls auf weitere Nachrichten wartet, bevor die Ausführung fortgesetzt wird.[9]

2.4 Nachrichten Austausch

Nachdem die vorherigen Kapitel die Technologiekomponenten beschrieben haben, soll in diesem Kapitel näher auf die Funktionalität des Nachrichtenaustauschs eingegangen werden. Hier wird zunächst die Implementierung in den Anwendungssystemen betrachtet. Trotz plattformabhängiger Unterschiede, lassen sich einige Gemeinsamkeiten feststellen. Analog der RFC (Remote Function Call)-Technologie, wird die Kommunikation mit einem anderen System über ein Interface gekapselt, dessen Parameter in eine Nachricht umgewandelt werden. Ein entscheidender Unterschied zu RFCs ist jedoch, dass SAP XI immer zwei Interfaces, eines auf Senderseite und eines auf Empfängerseite, für eine Kommunikation benötigt. Dies bietet den Vorteil, dass Sender- und Empfänger-Interfaces nicht exakt übereinstimmen müssen. Abbildung 4 stellt den Nachrichtenaustausch aus Anwendungssicht schematisch dar. Die Anwendung übergibt auf Sender-Seite über den Aufruf eines Outbound-Interfaces die Daten an die XI-Laufzeit. Dies kann ein Adapter oder die Proxy-Laufzeit sein (siehe Abbildung 2). Diese erzeugt aus den Parametern des Interface eine Request-Nachricht, die der IS verarbeiten kann. Auf der Ausgangsseite des IS übernimmt wiederum ein Adapter oder die Proxy-Laufzeit die Aufgabe, die Request-Nachricht in einen Aufruf umzusetzen. Gerufen wird hier ein Inbound-Interface beim Empfänger. [10]

---

[9] vgl. Jens Stumpe/Joachim Orb, SAP Exchange Infrastructure, 1. Auflage, Bonn 2005

[10] vgl. Jens Stumpe/Joachim Orb, SAP Exchange Infrastructure, 1. Auflage, Bonn 2005

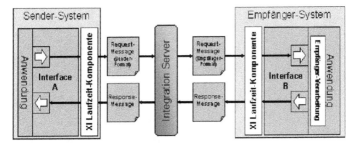

Abbildung 4 - Kommunikation über Interfaces[11]

2.5 Mappings

In einer heterogenen Systemlandschaft sind die Komponenten, die miteinander Daten austauschen sollen, auf verschiedene Systeme verteilt. Im Vergleich zur Entwicklung in einem System kommen bei der Implementierung eines systemübergreifenden Prozesses folgende Aspekte hinzu, die bedacht werden müssen:[12]

- Die beteiligten Systeme können von unterschiedlichen Herstellern stammen, die unterschiedliche Technologien verwenden.

- Selbst bei Systemen eines Herstellers sollen möglicherweise Systeme unterschiedlicher Release-Stände miteinander kommunizieren

- Die Semantik von Objekten in Komponenten verschiedener Systeme kann zwar identisch sein, das heißt aber noch nicht, dass die über die gleichen Werte identifiziert werden. Die Passagierklasse eines Fluges könnte beispielsweise über eine Zahl oder über einen String kodiert sein.

Basierend auf diesen Aspekten ist bei der Nachrichtenübertragung häufig eine Konvertierung der Nachricht aus einer Struktur in eine andere nötig. Dieses Verfahren wird Mapping genannt. Die Verwendung eines XML-Standards bietet hierbei den Vorteil, dass verschiedene XML-Sprachen relativ einfach aufeinander

[11] http://help.sap.com/saphelp_nw04/helpdata/de/cd/0b733cb7d61952e10000000a11405a/ frameset.htm, Abrufdatum: 02.03.2009, Ausdruckdatum: 02.03.2009

[12] vgl. Jens Stumpe/Joachim Orb, SAP Exchange Infrastructure, 1. Auflage, Bonn 2005

abzubilden sind. Abbildung 5 zeigt ein Mapping, bei dem sowohl die gesamte Struktur (Struktur-Mapping) des Ausgangsdokuments als auch der Wert (Werte-Mapping) des Elements auf ein Zieldokument abgebildet wird. Grund hierfür ist, dass das XML-Schema des Quelldokuments mehr Hierarchiestufen als das XML-Schema des Zieldokuments vorsieht. Zudem sieht das Schema des Zieldokuments nicht alle Informationen vor, die das Schema des Quelldokuments zulässt.[13]

Um ein Mapping ausführen zu können wird ein Mapping-Programm benötigt. Folgende Programme werden von der SAP Exchange Infrastructure unterstützt:[14]

- Message-Mapping: Design eines Struktur-Mappings zwischen zwei beliebigen XML-Strukturen und den Anschluss an ein Werte-Mapping

- Java-/XSLT (Extensible Stylesheet Language Transformation)-Programm: Importierte Archive, Mapping mit Templates

- ABAP-Programm: ABAP-Workbench (sehr eingeschränkt)

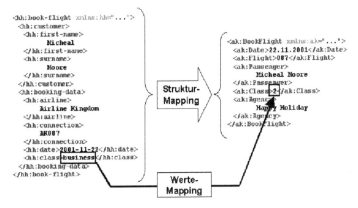

Abbildung 5 - Struktur- und Werte-Mapping[15]

[13] http://help.sap.com/saphelp_sem40bw/helpdata/de/12/05731a10264057badc32d3d3957015/
content.htm, Abrufdatum: 03.03.2009, Ausdruckdatum: 03.03.2009

[14] vgl. Jens Stumpe/Joachim Orb, SAP Exchange Infrastructure, 1. Auflage, Bonn 2005

[15] http://help.sap.com/saphelp_sem40bw/helpdata/de/12/05731a10264057badc32d3d3957015/
content.htm, Abrufdatum: 03.03.2009, Ausdruckdatum: 03.03.2009

3 Fazit

Diese Ausarbeitung hat gezeigt, dass mit der SAP Exchange Infrastructure, systemübergreifende Geschäftsprozesse realisiert werden können, indem Systeme diverser Hersteller (nicht- SAP und SAP) in unterschiedlichen Versionen implementiert und in verschiedenen Programmiersprachen (Java, ABAP, usw.) miteinander verbunden werden. Die Applikation bedient sich vornehmlich offener Standards (besonders aus der XML- und Java-Welt) und bietet Dienste an, die in einer heterogenen und komplexen Systemlandschaft unentbehrlich sind. Ein wesentliches Architekturmerkmal ist, dass Sender und Empfänger, die über den Integration Server Nachrichten austauschen, voneinander entkoppelt sind. Diese Entkopplung erleichtert es, Systeme miteinander zu verbinden, die sich technologisch voneinander unterscheiden. Der konzeptionelle Aufwand wird stark reduziert, da jedes System, das Nachrichten mit dem Integration Server austauscht, auch mit allen anderen Systemen, die am Integration Server angeschlossen sind, Nachrichten austauschen kann. Die implementierte Adapter-Engine ermöglicht jegliche Fremdsysteme, für die ein Adapter, die z.T. von SAP-Partnern entwickelt werden, vorhanden ist, anzubinden. Dies eröffnet Unternehmen eine Vielzahl an Anwendungsmöglichkeiten und eine hohe Flexibilität. [16]

Zusammenfassend zu sagen ist, dass die SAP Exchange Infrastructure eine leistungsstarke Middleware darstellt, die den Ablauf unterschiedlicher Geschäftsprozesse unterstützt. Ein hoher Standardisierungsgrad sowie die dadurch erreichte Flexibilität sowie Komplexitätsreduzierung sprechen für den Einsatz dieser Software. Nicht zu unterschätzen ist jedoch der enorme initiale Implementierungsaufwand, den die Einführung einer SAP XI nach sich zieht. Neben einer leistungsstarken Hardware, die die performanceintensiven XML-Mappings durchführen kann, werden Prozess- sowie Systementwickler benötigt.

---

[16] http://help.sap.com/saphelp_nw04/helpdata/de/0f/80243b4a66ae0ce10000000a11402f/
content.htm, Abrufdatum: 03.03.2009, Ausdruckdatum: 03.03.2009

4 Anhang

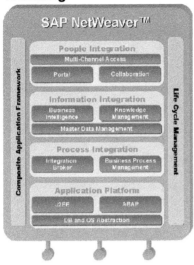

Abbildung 6 - Kernbereiche von SAP NetWeaver '04[17]

[17] vgl. Jens Stumpe/Joachim Orb, SAP Exchange Infrastructure, 1. Auflage, Bonn 2005

LITERATURVERZEICHNIS

Jens Stumpe, Joachim Orb

SAP Exchange Infrastructure, 1. Auflage, Bonn 2005

QUELLENVERZEICHNIS

SAP-Bibliothek, Interface-basierte Verarbeitung von Messages

http://help.sap.com/saphelp_nw04/helpdata/de/cd/0b733cb7d61952e10000000a11
405a/frameset.htm, Abrufdatum: 02.03.2009, Ausdruckdatum: 02.03.2009

SAP-Bibliothek, Kommunikation über die Adapter-Laufzeit

http://help.sap.com/saphelp_nw04/helpdata/de/ad/4e27db3e7b4e6b970fd1afa9abe
0c9/content.htm, Abrufdatum: 02.03.2009, Ausdruckdatum: 02.03.2009

SAP-Bibliothek, Connectivity

http://help.sap.com/saphelp_nw04/helpdata/de/70/f3cbad30ee479cb15672219f340
5f0/content.htm, Abrufdatum: 02.03.2009, Ausdruckdatum: 02.03.2009

SAP-Bibliothek, Übersicht Mapping

http://help.sap.com/saphelp_sem40bw/helpdata/de/12/05731a10264057badc32d3
d3 95701 5/content.htm, Abrufdatum: 03.03.2009, Ausdruckdatum: 03.03.2009

SAP-Bibliothek, SAP Exchange Infrastructure

http://help.sap.com/saphelp_nw04/helpdata/de/0f/80243b4a66ae0ce10000000a11
402f/content.htm, Abrufdatum: 03.03.2009, Ausdruckdatum: 03.03.2009